AF290332

VOR PUBLIKUM SPRECHEN

Tipps und Tricks
gegen die Angst vor Vorträgen

Verfasst von Nicolas Martin

Übersetzt von Julia Buchrieser

VOR PUBLIKUM SPRECHEN

- **Ziel:** seine Ängste überwinden und erfolgreich vor Publikum sprechen lernen
- **Anwendung:** In der Arbeitswelt ist es heutzutage ein Muss, vor anderen zu sprechen. Egal in welcher Form Sie dies tun, es kann nur von Vorteil sein, Ihre rhetorischen Kompetenzen auszubauen und zu stärken.
- **Arbeitskontext:** Arbeitssuche (Bewerbungsgespräche, Gruppenbewerbungsgespräche), unternehmensinterne Präsentationen (von Projekten, Dienstleistungen, Zielen, Gesprächsberichten), professionelle Vorträge (Konferenzen, Seminare, Fortbildungen, Messen, Präsentationen an Universitäten/ Schulen)
- **FAQ:**
  - <u>Woher kommt die Angst vor Publikum zu sprechen?</u>
  - <u>Welche Übungen gibt es zur Bewältigung dieses Problems?</u>

- Wie sollte der Vortrag vorbereitet werden?
- Welche Fehler sollte man vermeiden?
- Was tun, wenn man während der Präsentation den Faden verliert?
- Wie kann man bei Fangfragen einen kühlen Kopf bewahren?
- Muss man Angst vor Stille haben?
- Ist eine PowerPoint-Präsentation immer notwendig?

EINLEITUNG

Jeder Vortrag ist unterschiedlich und auch das Publikum ist nicht immer gleich. Das behandelte Thema kann variieren und, außer man ist Experte in diesem Gebiet, Ängste auslösen. Aber auch andere äußere Faktoren wie die Vorbereitungszeit, der Ort der Präsentation oder auch persönliche Dinge können selbst den besten Redner verunsichern.

Ist man also dazu verurteilt, Vorträge ewig als etwas Schwieriges anzusehen? Denn wenn selbst der beste Redner nicht alle Faktoren beherrschen kann, die für einen erfolgreichen Vortrag wichtig sind, was geschieht dann mit allen, die kein besonderes Talent zum Redner besitzen? Wird man seine Angst, vor Publikum zu sprechen, nie ablegen können? Oder noch schlimmer, ist man in einem Teufelskreis gefangen, wenn man einmal die Angst vor Vorträgen überwunden hat, da es unmöglich ist, die Situation zur Gänze zu kontrollieren?

Selbst wenn es einem unmöglich ist, alles zu beherrschen und sich den Stress vollständig zu ersparen, ist es jedoch relativ leicht, diesen mithilfe von einfachen Methoden und Übungen wesentlich zu reduzieren. Voraussetzung dafür ist, dass man sich ganz darauf einlässt.

Dieser Prozess ist aufgrund seiner subjektiven Wahrnehmung und Veränderlichkeit niemals abgeschlossen, weswegen Sie ihm den Schrecken nehmen sollten, indem Sie sich an Überlegungen, Methoden und Ratschläge halten, die Ihnen bewusst machen werden, dass das Sprechen vor Publikum nichts Schlimmes ist. Es ist nur eine Frage der Zeit, bis Sie nur noch Aufregung beim Gedanken an Ihren nächsten Vortrag empfinden werden.

> Seit meiner Kindheit habe ich häufig auf der Bühne gestanden: zuerst mit ein paar Dutzend

anderen Menschen bei Tanzauftritten und später als Sängerin einer Band. Der Stress hat mich dabei getragen, anstatt mich zu lähmen.

Obwohl ich also an Publikum gewöhnt bin, war das Sprechen vor Menschen für mich schon immer schwierig. Mir ist Stunden vor dem Vortrag schon flau im Magen und ich bekomme bereits während der ersten Sätze rote Wangen, bis schließlich mein ganzes Gesicht rot ist. Durch das Hitzegefühl, das mich gleichzeitig befällt, ist es unmöglich, die Röte zu kaschieren. Ich fühle mich nicht nur ziemlich lächerlich, sondern kann mich auch nicht mehr konzentrieren, was mein Vorhaben undurchführbar macht. Da ich nicht wirklich schüchtern bin, habe ich den Auslöser für diesen Zustand lange nicht verstanden.

Schlussendlich fand ich die Antwort in der Musik: Das, was mich ängstigt, ist die Improvisation. Genauso, wie ich nicht in der Lage bin, Songtexte während eines Konzerts frei zu erfinden, habe ich Schwierigkeiten mit einer unerwarteten Frage während einer Präsentation und im Allgemeinen damit, vom vorher Geplanten abzuweichen und mich so aufs Glatteis zu begeben.

Der mit dem Problem der Improvisation einhergehende Stress ist noch heute ein Hindernis, mit dem ich im Berufsleben zu kämpfen habe. Als Agentin einer Künstlerkompagnie ist es meine Hauptaufgabe, dutzende Male am Tag

Programmplaner anzurufen und sie zu überzeugen, einige der Vorführungen ins Programm
aufzunehmen. Die Fähigkeit, eine Vorführung
(die ich manchmal selbst noch nicht einmal
gesehen habe) perfekt zu präsentieren und auf
alle möglichen Einwände eine Antwort parat zu
haben beherrsche ich bis heute nicht zur Gänze.
Allerdings war das Sprechen vor Publikum ein
fester Bestandteil meines Studiums und ist nun
Teil meines Berufs, weswegen ich zumindest
gelernt habe, damit umzugehen, wenngleich ich
das Problem nicht vollständig lösen konnte.
Anne Rouchouse (Agentin im Kultursektor)[1]

---

1. Übersetzt für 50Minuten.de

VOR PUBLIKUM SPRECHEN: DIE GRUNDLAGEN

Es ist nicht notwendig, Zahlen zu nennen, um die große Anzahl an Menschen, die unter dieser Angst leiden, zu verdeutlichen. Die Angst vor dem Sprechen vor anderen, auch „Logophobie" genannt, leitet sich von den griechischen Wörtern *logos* (Wort, Rede, Lehre) und *phobos* (Furcht, Angst, Flucht) ab und ist eine der am weitesten verbreiteten Ängste. Tatsächlich empfinden drei von vier Personen Angst in Anbetracht des Gedankens, vor einer Gruppe sprechen zu müssen. Anders gesagt wären die meisten Personen, die im Publikum während einer Ihrer Präsentationen sitzen, an Ihrer Stelle genauso gestresst wie Sie. Auch wenn einen dies zunächst beruhigt, ist man damit leider weit davon entfernt, das „Unüberwindliche" zu überwinden.

Die Angst vor dem Sprechen vor Publikum zu besiegen und eine dynamische und auf allen Ebenen erstklassige Präsentation abzuliefern ist das Ergebnis eines langen Prozesses. Sie können sich nur selten auf Ihren Errungenschaften ausruhen, da keine Präsentation genauso ist wie die andere. Es wird Ihnen nichts anderes übrigbleiben, als Methoden und Tricks zu entwickeln, die Sie sich mit jeder weiteren Präsentation angewöhnen und an die Umstände anpassen können.

VORBEREITUNG EINES VORTRAGS

Erster Schritt: Brainstorming

Brainstorming ist in der Berufswelt weit verbreitet, da diese Technik unbestreitbare Vorteile mit sich bringt. Im Rahmen der Vorbereitung eines Vortrags kann Ihnen diese Technik helfen, indem Sie alles aufschreiben, was Ihnen persönlich an Vorträgen nicht gefällt und was Ihre Aufmerksamkeit bei Präsentationen auf sich zieht.

Diese Reflexion sollte der Vorbereitung von Präsentationen vorausgehen und noch vor der Festlegung der Ziele der Präsentation erfolgen, denn wenn Sie sich auf ein bestimmtes Thema festgelegt haben, kann es passieren, dass Sie nicht mehr genügend Abstand für die

Entwicklung der idealen Struktur für einen überzeugenden Vortrag finden. Es geht also nicht darum, die Übung in Bezug auf eine bestimmte Präsentation zu machen, sondern eine Methode für alle zukünftigen Vorträge zu finden. Die Ziele des Brainstormings sind daher:

- sich von einem zu engen Rahmen zu lösen, um während seiner Überlegungen auch auf Dinge zu kommen, die zuerst weniger relevant zu sein scheinen
- von den ersten Schritten im Vorbereitungsprozess an ruhig zu bleiben und in die richtige Richtung zu gehen, um Stress und Ängste so schnell wie möglich und sukzessiv zu bekämpfen

PRAKTISCHE ÜBUNG

- Lassen Sie sich von Ihren Erfahrungen inspirieren! Fragen Sie sich, was Ihnen bei Präsentationen nicht gefallen hat und was Sie dazu gebracht hat, besser zuzuhören. Wenn Sie sich dieser Dinge bewusst sind, werden Sie es schaffen, die Aufmerksamkeit Ihres Publikums auf sich zu ziehen.

Anhand Ihrer Beobachtungen werden Sie eine klarere Vorstellung davon entwickeln können, wie Ihre zukünftige Präsentation aussehen könnte. Und dadurch, dass für eine gelungene Präsentation die Harmonie zwischen Form und Inhalt erforderlich ist, können Sie diese Technik auch auf diesen anwenden. Es ist also an Ihnen, den Nutzen anhand Ihrer Kenntnisse zum Thema zu beurteilen und einzuschätzen, was Sie noch brauchen.

Für die, die von ängstlicher Natur sind, ist Brainstorming auch für den Inhalt wichtig. Einen Überblick über das zu behandelnde Thema zu bekommen, um zu wissen, ob man dazu noch Recherchen machen muss etc. hilft dabei, den Stress zu bewältigen, indem man dessen potenzielle Ursachen direkt anvisiert. Tatsächlich entsteht Stress bei Vorträgen häufig dadurch, dass man gewisse Elemente nicht gut genug beherrscht und befürchtet, dass das am Tag X auffallen könnte. Um ruhiger zu sein, empfiehlt es sich daher, sich auf alle Eventualitäten vorzubereiten.

Zweiter Schritt: einen Rahmen festlegen

Bevor Sie bei den Vorbereitungen für Ihren Vortrag tiefer gehen, ist es notwendig, sich ein paar einleitende Fragen zu stellen, zum Beispiel:

- **Vor welcher Art von Publikum werde ich sprechen?** Es ist wichtig, zu wissen, ob es sich um ein homogenes oder heterogenes Publikum handelt, ob es aus Experten oder Laien besteht, sowie die möglichen Erwartungen zu bestimmen.
- **Was ist das allgemeine Ziel meines Vortrags?** Informieren? Bilden? Überzeugen? Überreden? Unterhalten?
- **Welche untergeordneten Ziele verfolge ich damit?** Sie können bis zu drei Ziele formulieren. Diese lassen sich vom allgemeinen Ziel ableiten, sind aber genauer und oft quantifizierbar. Zum Beispiel: Der Großteil der Menschen (drei Viertel der Teilnehmer) soll nach dem Vortrag in der Lage sein, mit der neuen Schnittstelle des Intranets umzugehen.
- **Über welche Mittel zur Erreichung dieser Ziele verfüge ich?** Sie können materiell oder immateriell sein: Ihr Fachwissen, die Fähigkeit zu erklären oder sinnvoll auf eine Frage zu antworten etc.

- **Welche Asse habe ich im Ärmel?** Coachen Sie sich ruhig selbst und nutzen Sie Ihre Kompetenzen.

- Viel zu viele Menschen neigen dazu, sich selbst abzuwerten, und erleben Vorträge als etwas Erzwungenes, vor allem, wenn sie diesen Vortrag halten MÜSSEN. Über Ihre Kompetenzen nachzudenken hilft Ihnen, der systematischen Abwertung entgegenzuwirken und sich die umgekehrte Dynamik zunutze zu machen – die der „Selbstverteidigung" und der Bewusstmachung Ihrer Fähigkeiten.

Präsentationsangst

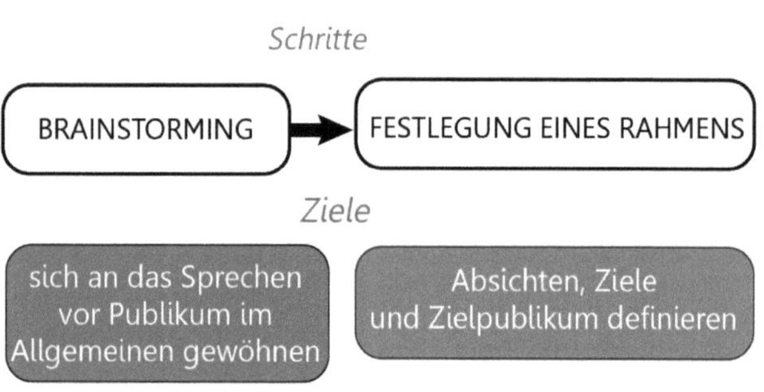

VORBEREITUNG ZUR VOLLSTÄNDIGEN BEHERRSCHUNG DES VORTRAGS

Die Vorbereitung sollte im Zentrum Ihrer Aufmerksamkeit stehen. Personal-Coaches und Experten zum Thema werden Ihnen sagen: Mehr als drei Viertel Ihres Erfolgs hängen von Ihrer Fähigkeit zur Vorbereitung ab. In gleicher Weise wie die einleitenden Fragen sollten Sie also auch den Inhalt und die Form gut vorbereiten.

Der Inhalt

Sie haben dank des Brainstormings bereits im Voraus über den Inhalt Ihres Vortrags nachgedacht. Sie können sich die Arbeit nun erleichtern, indem Sie drei Elemente berücksichtigen:

- Suche nach fehlenden Informationen
- Ordnung der Ideen mithilfe eines genauen Plans zur Überbringung einer aussagekräftigen Botschaft
- Formulierung eines Teils oder des gesamten Vortrags, den Sie mit dieser „Partitur" einüben können

- Schreiben Sie Ihre Rede zuerst zur Gänze auf. Das wird Ihnen helfen, Ihre Ideen in eigenen Worten zu entwickeln, sodass Sie sich das Thema zu eigen machen und gegen den Stress ankämpfen können.

Wenn Sie für den Tag X eine PowerPoint-Präsentation vorbereiten wollen, sollten Sie damit beginnen. Sie sollten dabei jedoch darauf achten, keine Schritte zu überspringen. Es ist vorteilhaft, zuerst den Folieninhalt vorzubereiten. Die Formatierung können Sie später machen. Arbeiten Sie zuerst auf rein weißem Hintergrund.

Die Form

Wenn die Arbeit am Inhalt bereits gut fortgeschritten ist, können Sie sich über die Form Ihrer Ideen Gedanken machen. Nehmen Sie sich Ihren im Vorhinein erstellten Plan erneut vor, um den Überblick über die unterschiedlichen Abschnitte Ihrer Präsentation zu behalten.

In dieser Phase brauchen Sie das, was Sie beim Brainstorming zu Papier gebracht haben, um es an den mündlichen Sprachgebrauch anzupassen. Denn selbst wenn Sie einen hervorragenden Schreibstil haben, wird dieser mündlich nicht besonders natürlich klingen. Arbeiten Sie daher besonders an diesem Aspekt, um die Aufmerksamkeit Ihres Publikums bei sich zu behalten.

TIPP: SEINEN DISKURS ANPASSEN

- Auch wenn Sie durch Fachterminologie an Sicherheit gewinnen, dürfen Sie nicht den Fehler machen und glauben, dass Ihr Publikum nur aus Experten in dem Fach besteht. Achten Sie daher darauf, das behandelte Thema zu vereinfachen und, wenn notwendig, bestimmte Informationen für die Allgemeinheit zugänglich zu machen.
- Benutzen Sie an Ihr Publikum weitestgehend angepasste Metaphern. Wenn Sie ein komplexes Projekt oder eine technische Änderung präsentieren müssen, sollten Sie Ihre Worte mit klaren, allen verständlichen Vergleichen illustrieren.

Diese Notwendigkeit erfordert gleichzeitig einen offenen Geist und Zeit. Die Suche nach Informationen und die Ordnung der Ideen brauchen prinzipiell vergleichsweise wenig Zeit.

Überarbeiten Sie noch einmal methodisch:

- Abschnitt für Abschnitt, in der Reihenfolge des Ablaufs der Präsentation
- Ihre Medien, beispielsweise Ihre PowerPoint-Präsentation, wenn Sie eine gemacht haben

Tipp: Schematisierung in PowerPoint

- Durch die Beschäftigung mit den Ideen, die Sie in Ihrem Vortrag behandeln wollen, wird es Ihnen leichter fallen, einige davon auf Ihren Folien zu schematisieren (z. B. unter Verwendung der vorgeschlagenen Layouts). Ihre PowerPoint-Präsentation wird dadurch einen Mehrwert für Sie darstellen: visuelle Effekte und Effizienz garantiert!

Simulation

Um sich den Übergang Ihrer schriftlich festgehaltenen Worte in einen mündlich gebräuchlicheren Stil besser vorstellen zu können, finden Sie hier ein Beispiel eines Vortrags über die Empfehlung kultureller Aktivitäten Frankreichs in der Welt mit dem Ziel, dass das Land seine Dynamik und seine kulturelle Bedeutung wiedererlangt.

- **Schriftlicher Diskurs:**

> Wenn Frankreich seine kulturelle Bedeutung ähnlich derer im letzten Jahrhundert wiedererlangen will, muss sich das Land für seine kulturellen Aktivitäten nach einer Drei-Fronten-Strategie richten, an deren nicht voneinander zu trennenden Bereichen gleichzeitig gearbeitet wird.
>
> Es ist notwendig, dass Frankreich es schafft, sein kulturelles Netzwerk im Ausland sowie im Landesinneren zu stabilisieren und die Reformen sowohl auf qualitativer als auch auf quantitativer Ebene greifen zu lassen. Außerdem ist es essenziell, auszuwerten und zu verstehen, wie die kulturellen Aktivitäten im Ausland wahrgenommen werden. Dabei sollte ebenfalls an der Lösung der Probleme, die das interne Netzwerk betreffen, gearbeitet werden.

Zudem muss das Netzwerk gleichzeitig eine Wertschätzungspolitik der Schlüsselaktivitäten führen, indem in gewissen geografischen Gebieten Prioritäten gesetzt werden. Dabei handelt es sich vor allem um die Sektoren Kino, Musik und Literatur – Bücher und Schriften eingeschlossen.

Als letzten Teil seiner Drei-Fronten-Strategie muss Frankreich den Wendepunkt in seiner Kulturpolitik bestätigen und sich der interkulturellen und interdisziplinären Dimension seiner Aktivitäten im Ausland bewusstwerden. Dabei kann es sich um Festivals in Lateinamerika, den Empfang von ausländischen Künstlern und Kulturen in Frankreich, die Verteidigung kultureller Güter wie das internationale Erbe in Syrien oder Mali, oder den Schutz bedrohter Völker wie der Uiguren handeln. Frankreich könnte seine Aktivitäten so in einer Dynamik der doppelten kulturellen Zusammenarbeit positionieren und dadurch einen gewissen weltweiten Einfluss zurückgewinnen.

Die essenziellen Elemente sind oben durch die drei Absätze gut sichtbar. Diese sollten jedoch im mündlichen Diskurs noch deutlicher gemacht werden.

- **Mündlicher Diskurs:**

Drei Empfehlungen können hinsichtlich der äußeren kulturellen Aktivitäten Frankreichs ausgesprochen werden. Um einen gewissen weltweiten Einfluss auf kultureller Ebene wiederzuerlangen, muss sich die französische Kulturdiplomatie zuerst stabilisieren. Es besteht also ein Stabilisierungsbedarf. Das betrifft sein Netzwerk, die Art und den Rhythmus der Reformen sowie die Erkenntnis seines aktuellen Images und der internen Problemlösung. Danach sollten bestimmte Aktivitätsbereiche wie Kino, Musik, Bücher und Schriften aufgewertet werden. Es besteht also ein Aufwertungsbedarf und schlussendlich sollte Frankreich seine interdisziplinäre und kulturelle Politik festigen (beispielsweise: Festival in Lateinamerika + Empfang ausländischer Künstler und Kulturen + Verteidigung kultureller Güter, z. B. Syrien und Mali + Schutz bedrohter Völker, z. B. Uiguren).

- **Darstellung in PowerPoint**

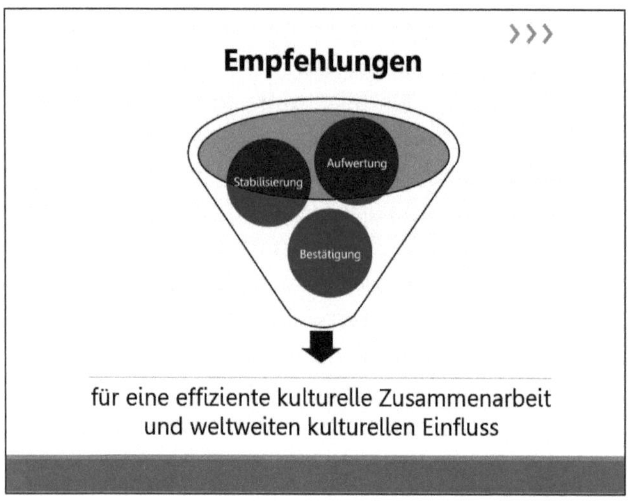

©**50**MINUTEN.de

- Die Folien sollten schlicht und nicht mit Text überladen sein. Die Stichwörter erscheinen einzeln und sollten im Schema so angeordnet sein, dass die Beziehung zwischen den Ideen verständlich wird. Es ist nicht notwendig, Beispiele anzugeben, die die Stichwörter näher erklären.

- Um die Aufmerksamkeit Ihres Publikums während Ihrer PowerPoint-Präsentation zu halten, sollten Sie darauf achten, keine ganzen Sätze auf die Folien zu schreiben und diese herunterzulesen. Stattdessen sollten Sie Stichwörter, Ausdrücke und Schematisierungen von Ideen verwenden, damit Ihr Publikum aktiv teilnimmt und selbst eine Verbindung zwischen Ihren Worten und dem Präsentationsmedium herstellt.

Üben bzw. proben

Wenn Sie nun alle Elemente zusammen haben, können Sie ruhiger und beherrschter mit dem Einüben Ihrer Präsentation beginnen. Diese Phase der Anpassung ist auch dafür da, Inhalt und Form miteinander in Einklang zu bringen.

Das Üben erfordert ein gewisses Maß an Flexibilität, denn die Dinge müssen sich auf natürliche und logische Weise entwickeln. Ideen, die Sie auf eine bestimmte Art miteinander verketten wollten, erscheinen möglicherweise doch klarer, wenn Sie sie anders präsentieren. Sie sollten sich auch über Ihr Präsentationsmedium Gedanken machen. Verbessert Ihre PowerPoint das Verständnis Ihres Vortrags? Macht sie die Dinge nicht komplizierter, als sie in Wirklichkeit sind?

Dieser Moment, der ganz sicher vor dem Vortrag kommen wird, verdient Ihre gesamte Aufmerksamkeit, denn Sie können sicher sein, dass Sie einige Passagen Ihrer Präsentation anpassen müssen. Widmen Sie diesem Schritt genauso viel Zeit wie der Arbeit an der Form Ihres Vortrags, denn es handelt sich um dessen Fortführung, und üben Sie vor unterschiedlichem Publikum, um auf alle Eventualitäten vorbereitet zu sein.

- Allein, um Ihren Diskurs sowie die Folien anzupassen und dem Publikum einen kohärenten, präzisen und professionellen Vortrag zu präsentieren.
- Vor einer oder zwei Person(en), die Sie kennen, um Ihre Gestik, Anziehungskraft und die Klarheit Ihrer Worte zu testen.
- Vor einer oder zwei Person(en), die Ihrem

Publikum am Tag X ähnlich sind, um die fachlichen Aspekte zu testen und um sich auf Fragen vorzubereiten, an die Sie nicht gedacht haben.

- Arbeiten Sie an Ihrer Einleitung und testen Sie mehrere Aufhänger, um festzustellen, welcher die Aufmerksamkeit von Anfang an auf sich zieht, damit Sie ruhig an den Rest der Präsentation gehen können.

Wenn Sie vor echtem Publikum üben, bekommen Sie direktes Feedback von Ihren „Versuchskaninchen". Nun liegt es an Ihnen, Ihre Präsentation zu korrigieren und ihr den letzten Feinschliff zu verpassen! Außerdem werden Sie den Inhalt Ihrer Präsentation durch die Wiederholung ohne große Anstrengung beherrschen und über mehr Zeit dafür verfügen, wovor Sie am meisten Angst haben: die Konfrontation mit dem Publikum.

Präsentationsvorbereitung

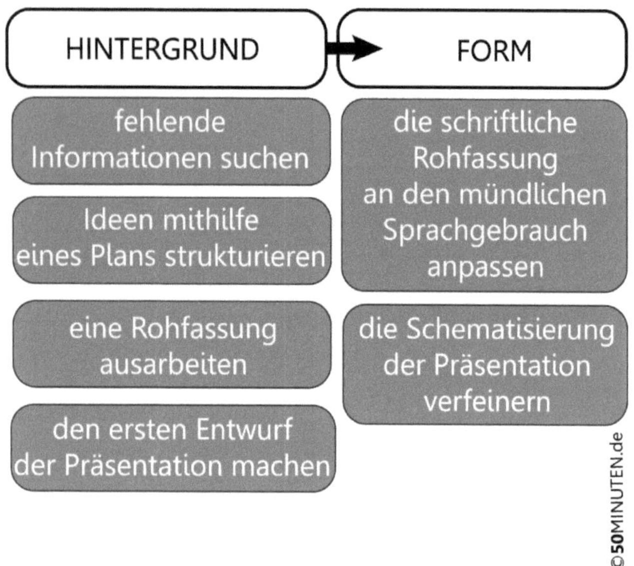

ZUM BESSEREN ABLAUF DER PRÄSENTATION

Der Tag X nähert sich in großen Schritten. Sie hatten Zeit zu üben und beherrschen Ihr Thema, Ihre PowerPoint-Präsentation, Ihren Diskurs und wissen, wie Sie sich am besten präsentieren. Allerdings sind Sie immer noch gestresst, wenn

Sie daran denken, vor Publikum zu stehen. Bleiben Sie ruhig und nehmen Sie sich Zeit, sich mithilfe einiger Übungen zu entspannen.

Vor der Präsentation: Atemübungen

Um den Stress vor Beginn des Vortrags zu reduzieren, können Sie einige einfache Atemübungen machen, die nur wenige Minuten in Anspruch nehmen.

- **Quadratische Atmung oder Vier-Phasen-Atmung:** Zählen Sie beim Einatmen bis 4, halten Sie den Atem für 4 Sekunden an, atmen Sie aus, zählen Sie dabei bis 4 und halten Sie den Atem wieder für 4 Sekunden an. Sie können diesen Kreislauf 10 Minuten lang wiederholen, um Ihre Atmung und Ihren Herzschlag zu regulieren.
- **Atmung bei Bewegung:** Machen Sie einen kleinen Spaziergang, während dem Sie sich auf Ihre Atmung konzentrieren, indem Sie während der gesamten Dauer durch die Nase einatmen und durch den Mund ausatmen. Sie können um den Häuserblock gehen oder um ein Gebäude, je nach Umgebung.
- **Befreiende Atmung:** Atmen Sie tief ein und lassen Sie die Hände beim Ausatmen gleich-

zeitig nach unten fallen. Diese Bewegung hat etwas Befreiendes an sich, als ob Sie sich damit vom Stress und der Angst befreien, indem Sie sie zu Boden werfen. Suchen Sie sich ruhig einen Ort, wo Sie diese Übung ungestört machen können.

Während der Präsentation: Punkte, die im Kopf behalten werden sollten

Die Präsentation beginnt. Sie haben einige Übungen gemacht, um Ihren Herzschlag zu beruhigen und nun ist es Zeit zu beginnen.

Wenn Sie die Möglichkeit haben, sollten Sie vor Beginn Ihres Vortrags ein paar Worte mit einer Ihnen bekannten Person wechseln. Das Ziel dabei ist es, Ihre Aufmerksamkeit von der bevorstehenden Präsentation abzulenken, damit Sie an etwas Anderes denken, um den Effekt der Entspannungsübungen aufrechtzuerhalten. Angesichts der Vorbereitungen, die Sie im Vorhinein getroffen haben, gibt es keinen Grund, sich in den letzten Minuten vor dem Beginn zu stressen!

Während Ihrer Präsentation sollten Sie im Rahmen des Möglichen versuchen:

- auf die Gesamtkohärenz zu achten, da Änderungen jeglicher Natur das Publikum stören und die Aufmerksamkeit vom Diskurs ablenken können
- sich Zeit zum Atmen zu nehmen
- Ihren Redefluss zu kontrollieren
- eine Flasche Wasser zur Hand zu haben
- keine Angst vor einigen Sekunden Stille zu haben
- locker zu bleiben
- optimistisch und positiv zu bleiben

ZU VERMEIDEN

- Vermeiden Sie es, den Blicken auszuweichen oder ins Leere zu starren. Es ist bestimmt jedem schon einmal passiert, dass er damit die Aufmerksamkeit auf seine Angst gelenkt hat. Versuchen Sie daher, sich für Ihr Publikum zu interessieren. Sie können beispielsweise im Vorhinein nach der Teilnehmerliste fragen oder sich über das Profil einiger Anwesender informieren.

Unvorhergesehene Ereignisse: an sich selbst arbeiten

Wenn Sie sich bereits während der Vorbereitungen von unvorhergesehenen Ereignissen gestresst fühlen, von der Vorwegnahme von Fragen oder den möglichen Reaktionen, wird es Ihnen während Ihres Vortrags auch so ergehen. Manche Vortragende, die ihre Präsentation sehr gut beherrschen, fühlen sich nicht überfordert von einer überraschenden Frage oder einer unerwarteten Anmerkung, während andere komplett den Faden verlieren. Wenn Sie zur zweiten Kategorie gehören, sollten Sie sich bewusst sein, dass eine bessere Reaktion auf unvorhergesehene Ereignisse viel Arbeit erfordert und sich nicht alles durch eine einzige Präsentation ändern kann. Sie brauchen einfach mehr Übung, um bestimmte Techniken anwenden und dadurch besser mit unvorhergesehenen Ereignissen umgehen zu können.

Im Allgemeinen sollten Sie für die Einleitung einer Introspektion über sich selbst für einen besseren Umgang mit unvorhergesehenen Ereignissen folgendes lernen:

- mit Ihren Emotionen umzugehen und sich dadurch selbst besser kennenzulernen
- Anpassungsfähigkeit und Flexibilität beweisen
- relativieren und optimistisch bleiben

Auch wenn die Vorbereitung eines Vortrags an sich eine gute Sache ist, kann sie auch dazu führen, dass Sie sich unvorhergesehenen Ereignissen verschließen und daher weniger natürlich und offen bei der Diskussion sind. Aus diesem Grund ist es von Vorteil, von Beginn an im Kopf zu behalten, dass Sie gewisse Dinge nicht beherrschen und diesen Zeitgewinn optimal nutzen, indem Sie an Ihrer Reaktion auf unerwartete Situationen arbeiten. Sie werden dadurch an Vertrauen und Ruhe gewinnen.

> Fortsetzung und Ende von Anne Rouchouses (Agentin im Kultursektor) Kommentar[1]:
> Ich bereite mich nun im Rahmen des Möglichen auf einen potenziellen zukünftigen Vortrag vor, um Zeit zu haben, das Thema in seiner Tiefe zu erforschen – auch über das hinaus, was in der Präsentation behandelt wird. Informationen gesammelt zu haben, die mehr oder weniger etwas mit dem Thema zu tun haben, verhilft mir zu gegebener Zeit zu mehr Ruhe.

---

1. Übersetzt für 50Minuten.de

Ich mache einen detaillierten Plan des Gesprächs, wie ich es mir vorstelle, schreibe alles auf, was ich sagen möchte und lerne es dann auswendig. Natürlich wird der erste Entwurf während der mündlichen Übungen mehrmals überarbeitet. Die überarbeitete Version lerne ich dann auswendig.

Ich bin ein Mensch, der sich die Informationen durch Lesen sehr leicht merkt. Daher hilft es mir sehr beim Lernen, an der ersten Gesprächsversion zu arbeiten, sie an den mündlichen Sprachgebrauch anzupassen, sie immer wieder zu lesen und handschriftlich zu korrigieren. Danach brauche ich dann nur wenige Wiederholungen, um mir alles zu merken.

Ich stoppe die Zeit, selbst wenn das Gespräch zeitlich nicht begrenzt ist. Die Beherrschung des Faktors Zeit gibt mir Sicherheit, auch wenn man dazu neigt, im Gespräch selbst eine andere Sprechgeschwindigkeit an den Tag zu legen.

Am Vorabend des Gesprächs übe ich vor dem Schlafengehen, da ich den Eindruck habe, dass mir das wirklich etwas bringt.

Ich nehme mir Zeit, um meine Präsentation vor meinem Auftritt vor Publikum noch einmal durchzugehen. Wenn alles gut läuft, habe ich mehr Selbstvertrauen und der Großteil des Stresses fällt von mir ab. Andernfalls mache ich mir bewusst, bei welchen Passagen ich noch

Schwierigkeiten habe, um diese während des Vortrags besser zu machen.

Während der Präsentation halte ich meine gesamten Notizen (und nicht nur ein einfaches Gerüst) bereit. Selbst wenn ich sie in den meisten Fällen nicht brauche, gibt mir die einfache Tatsache, dass ich alle Ideen und Gedanken jederzeit nachschauen kann, sehr viel Sicherheit. Außerdem suche ich immer etwas zum Anschauen im Saal, wobei ich trotzdem ab und zu meinen Blick schweifen lasse, um die Aufmerksamkeit des Publikums an mich zu binden.

TOP TIPPS

- Stellen Sie sich die richtigen Fragen vor der Vorbereitung Ihres Vortrags. Vor welcher Art von Publikum werden Sie sprechen? Was ist das Ziel Ihres Vortrags? Diese Fragen werden Sie bei der Vorbereitung leiten und Ihnen Zeit zum Üben verschaffen.
- Machen Sie Atemübungen. Von der Vorbereitung bis zu den letzten Minuten vor Beginn Ihres Vortrags sollten Sie sich stets Zeit für einige einfache Atemübungen nehmen. Manche Übungen aus der Theaterbranche sind sehr nützlich, um den Herzschlag zu kontrollieren und „negative Schwingungen abzublocken".
- Konzentrieren Sie sich besonders auf den Beginn Ihres Vortrags. Gut anzufangen hilft Ihnen, in weiterer Folge mehr Vertrauen zu sich selbst zu haben. Bereiten Sie einen Aufhänger oder eine originelle Einleitung vor. Eine humorvolle Anekdote ist oft ein gutes Mittel, um das Eis zu brechen.
- Vermeiden Sie es im Rahmen des Möglichen, Ihren gesamten Vortrag aufzuschreiben und

ihn einfach herunterzulesen. Seien Sie spontan und natürlich!

- Üben Sie so viel wie möglich. Je mehr Zeit Sie sich für die Wiederholung nehmen, desto besser werden Sie Ihren Vortrag beherrschen und sich zu gegebener Zeit wohler fühlen. Die Praxis hilft, den Stress wesentlich zu reduzieren.
- Konzentrieren Sie sich nicht auf das Bild, das Sie machen könnten. Es ist besser, sich auf die Kohärenz zwischen Gestik und Diskurs zu fokussieren. Vermeiden Sie eine Haltung, die im Gegensatz zu dem Gesagten steht.
- Hören Sie auf Ihr Publikum und beweisen Sie Flexibilität. Sie können seine Beteiligung nicht vorhersehen, aber Sie können sich anpassen, wenn Sie gut vorbereitet sind und sich mit dem Thema wohlfühlen.
- Lassen Sie sich nicht von äußeren Einflüssen stören. Es wird immer etwas geben, auf das Sie nicht vorbereitet sind. Sie können aber Ihre Reaktionen kontrollieren und Ihr Lächeln und Ihre Dynamik trotz allem behalten. Lassen Sie sich nicht aus der Ruhe bringen.
- Halten Sie sich gerade. Das mag Ihnen unwichtig erscheinen – Studien haben jedoch gezeigt,

dass eine gute Haltung nicht nur dazu beiträgt, die Angst und den Stress zu reduzieren, sondern auch mehr Sicherheit und Energie zu vermitteln. Außerdem können Sie dann besser atmen, was vor allem bei über 30-minütigen Vorträgen wichtig ist.

- Ruhen Sie sich nicht auf Ihren Präsentationsmedien aus, denn sie sind nur Hilfsmittel. Wenn Sie eine PowerPoint-Präsentation verwenden, sollten Sie die Folien nicht überladen, sondern sie vor allem schlicht und einfach halten. Das Ziel ist, dem Publikum dabei zu helfen, Ihrem Vortrag zu folgen und die Informationen in einigen Stichwörtern festzuhalten. Sie selbst sollten das Zentrum der Präsentation bleiben.

„Vor Publikum zu sprechen will gelernt sein."[1] Im Anschluss finden Sie einige Ratschläge, die der französische Berater, Trainer und Mediator Georges Peillon nach Beobachtungen und Sprechpraxis formuliert hat.

90 % eines erfolgreichen Vortrags stecken in der Vorbereitung. Wenn man Sie dafür ausgewählt

---

1. Übersetzt für 50Minuten.de

hat, sind Sie zweifellos die Person, die am besten über das zu behandelnde Thema sprechen kann ... Das bedeutet, dass Sie sich von Ihrer besten Seite zeigen sollten.

Jeder Mensch verhält sich bei Vorträgen anders: die einen bauen sofort eine Beziehung zu ihrem Publikum auf, während andere erst warm werden müssen, also Wiederholungen brauchen. Vor Publikum zu sprechen ist ein bisschen wie das Sitzen auf einem Stuhl: Sie brauchen vier Beine, um stabil zu sein.

Das Thema: Sind Sie die Person, die am besten geeignet ist, über dieses Thema zu sprechen? Wenn die Antwort negativ ist, sollten Sie es ablehnen, anstatt sich auf ein Abenteuer voller Risiken – darunter das Bild, das Sie vermitteln – einzulassen. Wenn Sie aber Experte auf dem Gebiet sind, können Sie diese Bitte nicht abschlagen. Sie sollten dennoch genug Zeit zur Vorbereitung Ihres Vortrags einplanen.

Das Publikum: Wie viele Personen werden es sein? Sind sie mit dem Thema vertraut oder muss dieses erst für sie zugänglich gemacht werden? Die Antworten auf diese Fragen sind erforderlich, um die Aufmerksamkeit seines Publikums zu gewinnen.

Der Kontext: Unter welchen Umständen werden Sie sprechen? Welche technischen Bedingungen werden herrschen? Wer wird vor und nach Ihnen sprechen? Werden Sie gefilmt oder aufgenommen? Wann werden Sie sprechen?

Der Redner: Wie fühlen Sie sich? Sind Sie nervös, gestresst? In dem Fall wird man das merken. Denken Sie an entspannende Bilder, um die Situation zu kontrollieren und versuchen Sie so, Ihr Lampenfieber zu reduzieren. Machen Sie Atemübungen.

Eine Anekdote zum Schluss. Bei einem Seminar für 150 Kommunikationsmanager musste ein Vortragender über Competitive Intelligence sprechen. Es handelte sich dabei um einen Spezialisten in dem Fach und trotzdem war sein Vortrag aus zwei Gründen eine Katastrophe. Zuerst schaffte er es nicht, sein lähmendes Lampenfieber zu kontrollieren – er nuschelte und der Vortrag war sehr verwirrend. Außerdem wollte er möglichst viele Informationen bereitstellen, wodurch die Präsentation völlig überladen war. Bis spät in die Nacht hatte er an seiner Präsentation gearbeitet und immer wieder Informationen hinzugefügt und weggenommen. Nach seinem Vortrag wusste niemand mehr über das Konzept der Competitive Intelligence als davor ...

Letztlich sollten Sie einen einfachen (aber nicht allzu simplen) Vortrag vorbereiten, denn das was zählt, sind Ihre Worte. Nichts anderes.[1]

---

1. Übersetzt für 50Minuten.de

FAQ

WOHER KOMMT DIE ANGST VOR PUBLIKUM ZU SPRECHEN?

Logophobie, die Angst vor dem Sprechen vor Publikum, kommt hauptsächlich von der Angst vor dem Urteil und den Blicken der anderen. Sie kann aber auch durch andere Faktoren ausgelöst werden, beispielsweise:

- Angst zu versagen
- Angst, etwas Falsches zu sagen
- Angst, sich lächerlich zu machen
- Angst, allein vor Publikum zu stehen
- oder eine Kombination aus mehreren dieser Ängste

Stellen Sie fest, was Ihnen persönlich Angst macht, wenn Sie vor anderen sprechen müssen, indem Sie sich die richtigen Fragen stellen – „Warum habe ich so Angst vor Publikum zu sprechen?" oder „Welches Risiko nehme ich auf mich, wenn ich vor anderen spreche?" – so können Sie beginnen, an sich zu arbeiten. Wenn Sie die Quellen der Angst erst erkannt haben, wird es Ihnen leichter fallen, ihr entgegenzutreten.

WELCHE ÜBUNGEN GIBT ES ZUR BEWÄLTIGUNG DIESES PROBLEMS?

Atemübungen

Sie können auf einfache Atemübungen zurückgreifen, die Ihnen helfen werden, sich auf Ihren Herzschlag zu konzentrieren und ihn zu beruhigen. Die quadratische Atmung oder Vier-Phasen-Atmung und die Atmung in Bewegung, wie oben beschrieben, sind einfach und schnell durchzuführen. Mithilfe anderer schneller Entspannungsübungen können Sie den Stress reduzieren:

- **Ausstreichen:** Legen Sie die Fingerspitzen beider Hände in der Mitte der Stirn an den Haaransatz und lassen Sie sie zur Seite gleiten. Diese Bewegung sollte drei Mal im gleichen Bereich wiederholt werden und kann auch in anderen Gesichtspartien angewandt werden (Nasenwurzel, Augenlider, Wangen, Mund, Kinn, Nacken).
- **Schnelle Sauna:** Reiben Sie die Hände aneinander, bis sie warm werden, legen Sie die

Handflächen auf die geschlossenen Augen und atmen Sie ruhig bis die Handflächen wieder kalt sind.

- **Selbstmassage** an Schläfen, Plexus oder Wangen

Außerdem hilft durch einige Gesten unterstützte Bauchatmung, sich zu beruhigen und zu einem normalen Herzschlag und Gelassenheit zurückzufinden. Gehen Sie wie folgt vor:

- Schritt 1: Entspannen Sie Ihre Muskeln, legen Sie eine Hand auf Ihren Bauch und schließen Sie die Augen.
- Schritt 2: Atmen Sie tief durch die Nase in Ihren Bauch ein und massieren Sie gleichzeitig den Bauch rund um den Nabel.
- Schritt 3: Atmen Sie langsam durch den Mund aus und massieren Sie weiter.
- Schritt 4: Wiederholen Sie die Übung mehrmals, konzentrieren Sie sich auf das Ein- und Ausatmen und auf die Massage, die die Bauchregion entspannen soll.

Praktische Übungen aus der Theaterwelt

Es gibt auch zahlreiche Übungen, die im Theater angewendet werden und die Ihnen helfen können, sich in Szene zu setzen und das Sprechen vor Publikum zu entdramatisieren. Sie sind zwar häufig schwieriger allein durchzuführen, aber es gibt dennoch einige, die man auch allein machen kann:

- So schnell wie möglich sprechen: Das Ziel ist es, Fantasie und Wohlbefinden beim Sprechen in einer Stresssituation zu fördern. Es ist beispielsweise möglich, diese Übung mit einem schwierigen Abschnitt Ihrer Präsentation zu machen und zu versuchen, sie so schnell wie möglich zu präsentieren oder bestimmte Punkte so schnell wie möglich zu abzuhandeln. Diese Technik hilft Ihnen, Möglichkeiten zu finden, bestimmte Dinge schnell und einfach zu erklären und am Tag X ruhiger zu sein.
- Jede Person im Publikum einzeln betrachten anstatt sie als Gruppe zu sehen: Wenn Sie sich vor den Blicken der anderen am meisten fürchten, kann Ihnen diese Übung helfen, die Angst davor zu überwinden. Wenn Sie für diese Übung nicht genug Personen zur Verfügung haben, können Sie sie auch auf der Straße probieren: Gehen Sie durch die Straßen und schauen Sie die Ihnen begegnenden Personen

wirklich an oder bleiben Sie irgendwo stehen, als ob Sie auf jemanden warten würden. Richten Sie Ihre Aufmerksamkeit dabei auf die Blicke der vorbeikommenden Passanten. Sie können beispielsweise auch ein farbiges Kleidungsstück tragen, um auf sich aufmerksam zu machen und so die Konfrontation mit den Blicken der anderen suchen.

- Sich auf realistische Art und Weise vorstellen, wie die Präsentation ablaufen soll: Damit das funktioniert, ist es nötig, dass die Projektion oder Visualisierung realistisch ist und sich auf konkrete Elemente stützt. Sie können sich also das Ende Ihrer Präsentation und die Anmerkungen aus dem Publikum während der Diskussion vorstellen. Bei dieser Übung ist es wichtig, dass Sie auf Ihre Empfindungen, Ihren Gemütszustand und Ihre Gefühle achten.

Jeder Mensch ist anders und daher sollten Sie nach verschiedenen Übungen suchen, sie testen und regelmäßig machen, damit Sie Ihnen beim Umgang mit Stress helfen können. Sie können auch an Workshops oder Kursen für Improvisationstheater teilnehmen, wo Sie nicht nur an Ihrer mündlichen Kommunikation arbeiten können sondern auch an Ihrer Körpersprache und dabei die Fähigkeit entwickeln, sich selbst von außen wahrzunehmen, und erkennen, welche Übungen Ihren Stress und Ihre Angst reduzieren. Suchen Sie sich etwas für Sie Passendes!

WIE SOLLTE DER VORTRAG VORBEREITET WERDEN?

Gute Vorbereitung braucht Zeit und Ausdauer. Tatsächlich sollten Sie sich an den Gedanken gewöhnen, Ihren Vortrag mehrmals zu wiederholen und Elemente zu ändern – so lange, bis Sie sie vollkommen beherrschen.

Im Allgemeinen sollten Sie folgendes beachten:

- Stellen Sie sich am Anfang die richtigen Fragen.
- Suchen Sie nach fehlenden Informationen.
- Machen Sie einen klaren Plan, um eine präzise, aussagekräftige und professionelle Botschaft zu transportieren.
- Arbeiten Sie durch ständige Wiederholung an der Form.
- Denken Sie sich einen Aufhänger aus, der die Aufmerksamkeit des Publikums von Beginn an auf Sie lenkt.

Es gibt zahlreiche Fehler, die Sie möglichst vermeiden sollten. Einige davon sind:

- Ihr Publikum vernachlässigen
- die Vorbereitung vernachlässigen
- eine Rolle spielen
- zu seriös und distanziert sein
- die PowerPoint-Präsentation vorlesen
- Notizen ablesen oder rezitieren
- Füllwörter verwenden („äh", „also", „mhm" etc.)
- eine starre Haltung einnehmen

Tun Sie alles in Ihrer Macht Stehende, um die Aufmerksamkeit Ihres Publikums zu gewinnen und zu halten!

WAS TUN, WENN MAN WÄHREND DER PRÄSENTATION DEN FADEN VERLIERT?

Es ist nicht ungewöhnlich, dass man durch Über-Konzentration oder durch eine Unterbrechung vergisst, was man gerade sagen wollte. Keine

Panik! Wenn Ihnen das passiert, können Sie einen kurzen Blick auf Ihre Notizen werfen. Visuelle Hervorhebungen, die Sie im Vorhinein gemacht haben, helfen Ihnen dabei, den Faden schnell wiederzufinden und Ihren Vortrag ohne Aufregung fortzusetzen. Bauen Sie Ihre Notizen beispielsweise folgendermaßen auf:

- auf der einen Seite Ihr ausgeschriebener Diskurs
- auf der anderen Seite der schematische und visuelle Vortragsaufbau

WIE KANN MAN BEI FANGFRAGEN EINEN KÜHLEN KOPF BEWAHREN?

Ihre Reaktion zu beherrschen und einen kühlen Kopf zu bewahren sind Automatismen, die Sie schnell lernen sollten – vor allem durch Erfahrung mit Vorträgen. Dies wird nicht nur die Qualität Ihrer Präsentationen im Arbeitsleben verbessern, sondern Ihnen auch im täglichen Leben dienlich sein.

Denken Sie stets daran, dass Ihr Publikum nicht da ist, um Ihnen eine Falle zu stellen oder Ihnen ein unangenehmes Gefühl zu geben. Jeder weiß, wie es ist, einen Vortrag zu halten, und wenn Ihnen eine Frage gestellt wird, auf die Sie nicht vorbereitet sind, sollten Sie einfach ruhig bleiben. Nehmen Sie sich Zeit zu überlegen und ruhig zu antworten, denn schlussendlich ist es IHR Vortrag – machen Sie sich das zunutze!

Auch wenn Sie den Inhalt der Präsentation vorbereitet haben, sind Sie gegebenenfalls kein Experte in dem Fach. Wagen Sie es ruhig, das zuzugeben, indem Sie beispielsweise sagen „ich kann darauf im Moment keine Antwort geben" oder „ich will nichts Falsches sagen". Außerdem erscheinen Menschen, die glauben, alles über ein Thema zu wissen, oft eingebildet. Sie können sich daher auch, wenn die Situation es zulässt, die Kontaktdaten der Person geben lassen und sie nach einigen zusätzlichen Recherchen kontaktieren.

MUSS MAN ANGST VOR STILLE HABEN?

Stille kann auf manche Menschen destabilisierend wirken. Aber schnelles Sprechen und das Füllen jeder einzelnen Sekunde, um seinen Stress zu kompensieren und die Präsentation so schnell wie möglich hinter sich zu bringen, löst beim Publikum oft Desinteresse aus. Achten Sie daher auf ein natürliches, ruhiges Verhalten während Ihres Vortrags.

Stille ist manchmal aus diesen zwei zusammenhängenden Gründen wichtig:

- Atmen
- langsamerer Redefluss

Achten Sie jedoch auch darauf, dass Sie nicht zu langsam sprechen oder die Momente der Stille zu sehr ausnutzen. Wie immer gilt auch hier die Regel, ein Gleichgewicht zu finden. Und die Praxis hilft einem sehr dabei.

IST EINE POWERPOINT-PRÄSENTATION IMMER NOTWENDIG?

Auf den ersten Blick scheint die Notwendigkeit eines Präsentationsmediums von der Thematik, über die Sie sprechen wollen, und vom Kontext, in dem Sie Ihren Vortrag halten, abzuhängen. Es ist allerdings festzustellen, dass heutzutage nur noch wenige Vorträge ohne visuelle Hilfsmittel (vom Typ PowerPoint) auskommen. Dieses Hilfsmittel wurde nach und nach immer wichtiger und scheint nun bei Vorträgen unentbehrlich zu sein. Die Verwendung einer PowerPoint-Präsentation wird empfohlen bei:

- Präsentationen, die mehr als 20 Minuten dauern
- komplexen Präsentationen oder Präsentationen, in denen viele Zahlen enthalten sind

Die Verwendung eines Präsentationsmediums mit strukturierten Informationen erleichtert Ihrem Zielpublikum das Verständnis. Dieses Hilfsmittel kann Ihnen auch eine Stütze in Bezug auf die Daten sein, da ein über 20-minütiger Vortrag einige beinhaltet.

Bei manchen Vorträgen, vor allem bei internen Meetings, kann es auch interessant und förderlich sein, ab und zu ohne PowerPoint-Präsentation zu sprechen und auf Ihre Redekompetenz zu setzen, welche durch diese Erfahrung gestärkt wird. Stellen Sie sich der Herausforderung – Sie werden mit der Zeit sogar gerne vor anderen sprechen!

JETZT SIND SIE GEFRAGT!

Mit Erfolg vor Publikum sprechen, überzeugen und eine Botschaft transportieren kann jeder, denn es ist möglich, alle Stressquellen auszuschalten, indem man ihnen ausweicht oder sie mithilfe von bestimmten Tricks bekämpft.

- Beginnen Sie damit, gezielt nach den Gründen für Stress zu suchen.
- Erkennen Sie damit verbundene Ängste.
- Entwickeln Sie einen Handlungsplan, um die Situation zu verbessern und das zu überwinden, was Sie am Weiterkommen hindert.

Abstand nehmen,
um voranzukommen

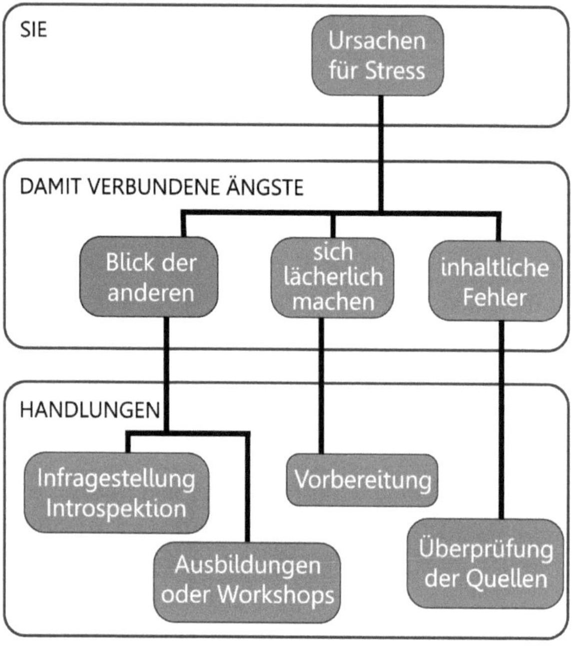

Da alles eine Frage der Vorbereitung ist, sollten Sie sich mit dem, was Sie abhält oder Ihnen Probleme bereitet, beschäftigen und sich dafür Zeit nehmen. Sie allein sind dafür verantwortlich, sich aus diesem Teufelskreis zu befreien – werden Sie aktiv!

DARÜBER HINAUS

LITERATURVERZEICHNIS

- Franc Desages, Caroline: „Comment gérer la peur de parler en public?" *Style. Vie perso. Psycho. Actualité. L'Express.fr.* (19.05.2014). http://www.lexpress.fr/styles/psycho/glossopho-bie-comment-gerer-la-peur-de-parler-en-pub-lic_1537311.html (05.06.2019).

- Gannac, Anne-Laure: „Parler face au public". *Moi. Moi et les autres. Timidité. Articles et dossiers. Oser se parler. Psychologies.com.* (27.07.2010). http://www.psychologies.com/Moi/Moi-et-les-autres/Timidite/Articles-et-Dossiers/Oser-se-parler/Parler-face-au-public (05.06.2019).

- Grange, Philippe: *Prise de parole en public à l'usage des managers et des communicants.* Faits & Chiffres: Paris 2013.

- Holmes, Lindsay: „Bienfaits d'une bonne posture sur le stress, la productivité...: 6 raisons de bien vous tenir droit". *C'est la vie. Huffingtonpost.fr.* (08.10.2014). http://www.huffingtonpost.fr/2014/10/08/bienfaits-posture-stress-productivi-te-tenir-droit_n_5943986.html (05.06.2019).

- Semeunacte, Mohamed: „7 techniques d'orateur efficace (et intéressant… pour changer)". *Semeunacte.com.* (15.01.2014). http://semeunacte.com/orateur-efficace (05.06.2019).

- Sorzana, Catherine: *La prise de parole en public.* Victoires Éditions: Paris 2010.

WEITERFÜHRENDE LITERATUR

- Bargenda, Christian: „Sicher und gelassen vor Publikum reden: Fünf erstklassige Möglichkeiten, für Ihren Auftritt zu trainieren". *Rhetorikmagazin. de.* https://www.rhetorikmagazin.de/?p=2224 (05.06.2019).

- Karlsböck, Tanja: „Wenn die Redeangst zum Karrierekiller wird". *Arbeitsleben. Blog. Karriere.at.* (28.10.2015). https://www.karriere.at/blog/karrierekiller-rede-angst.html (05.06.2019).

- Warkentin, Nils: „Redeangst überwinden: Nie mehr Angst vorm Sprechen". *Job & Psychologie. Karrierebibel.de.* (09.04.2015). https://karrierebibel.de/redeangst-ueberwinden/ (05.06.2019).

MEHR AUF 50MINUTEN.DE

- Gangemi, Rosanna: *Die Macht der Körpersprache. Tipps für die effiziente Nutzung und Analyse von Körpersprache.* Aus dem Französischen von Leonie Kremer. Plurilingua Publishing: Brüssel 2019.

- Martin, Nicolas: *Erfolgreiches Storytelling. Tipps für das überzeugende Erzählen Ihrer Geschichte.* Aus dem Französischen von Leonie Kremer. Plurilingua Publishing: Brüssel 2019.

- Peiffer, Christophe: *Erfolgreich überzeugen. Methoden für eine gelungene und überzeugende Argumentation.* Aus dem Französischen von Mareike Lobeck. Plurilingua Publishing: Brüssel 2019.

50MINUTEN.de
Geschichte
Business
Für die Arbeitswelt
Non-Fiction kompakt
Gesundheit & Wellness
Kunst und Literatur
DAS PARETO-PRINZIP
DAS CANVAS-BUSINESSMODELL
DIE SWOT-ANALYSE
SCHMÖKERN SIE SICH SCHLAU!
www.50Minuten.de

www.50Minuten.de

ISBN digitale Ausgabe: 9782808020305

ISBN gedruckte Ausgabe: 9782808020312

Pflichtexemplar: D/2019/12603/180

Cover: © Plurilingua

Digitale Aufbereitung: Primento, der digitale Partner der Herausgeber